उत्साह और उम्मीद

जीवन यह सरल है, अगर इसमे उत्साह और उम्मीद है।

सचिन पांडे।

BookLeaf Publishing
India | USA | UK

Made with ❤ on the BookLeaf Publishing Platform

www.bookleafpub.in

www.bookleafpub.com

Dedication

!!!ॐ शांति !!!हरे कृष्ण !!! जय श्री राम !!!

सबसे पहले यह पुस्तक में अपने भगवान को समर्पित करता हूँ।

अपने प्रियजनों को समर्पित,
जिन्होंने मुझे हमेशा से प्रेरणा दी है।
मेरे माता- पिता को,
मेरे परिवार के सभी सदस्यों को,
मेरी प्यारी टीचर जी को,
मेरे सारे दोस्तों को,
मेरी प्यारी - श्रद्धा को

सभी ने हमेशा मेरी लिखी हुई कविताओं को खुशी से स्वीकार किया और मुझे अच्छे से अच्छा लिखने की प्रेरणा दी।

!!! धन्यवाद !!!

Preface

यह पुस्तक "उत्साह और उम्मीद" मानवीय भावना के दो महत्वपूर्ण पहलुओं पर आधारित है। यह आपको प्रेरित करेगी और जीवन की चुनौतियों का सामना करने के लिए प्रोत्साहित करेगी। इसमें, मैंने अपने अनुभवों और विचारों को साझा किया है, उम्मीद है कि यह पाठकों के जीवन में सकारात्मक बदलाव लाएगा।

जीवन एक सफर है, जिसमें उतार-चढ़ाव आते रहते हैं। कई बार हम निराशा और हताशा से घिर जाते हैं। "उत्साह और उम्मीद" यह पुस्तक ऐसे ही क्षणों में एक राह दिखाती है। यह मेरे अपने अनुभवों, प्रेरणादायक कहानियों, और सकारात्मक विचारों का संग्रह है, जो आपको मुश्किल समय में भी उत्साहित और आशावान रहने में मदद करेगा।

यह पुस्तक "उत्साह और उम्मीद" मानवीय भावना के दो महत्वपूर्ण पहलुओं पर आधारित है। इसके लेखक भारतीय सेना में कार्यरत है, जो अत्यंत कठिन जलवायु परिस्थितियों में, जहाँ तापमान -25 से -30 डिग्री सेल्सियस तक गिर जाता है, अपनी ड्यूटी के साथ-साथ लेखन के अपने शौक को भी पूरा करते हैं। यह पुस्तक आपको प्रेरित करेगी और जीवन की चुनौतियों का सामना करने के लिए प्रोत्साहित करेगी। इसमें, मैंने अपने अनुभवों और विचारों को साझा किया है, उम्मीद है कि यह पाठकों के जीवन में सकारात्मक बदलाव लाएगा।

"उत्साह और उम्मीद" यह पुस्तक केवल शब्दों का संग्रह नहीं है, बल्कि यह एक प्रेरणा है, एक मार्गदर्शिका है। इसके लेखक, जो

भारतीय सेना में कार्यरत हैं और अत्यंत कठिन जलवायु परिस्थितियों में देश की सेवा करते हैं। उनकी यह पुस्तक, विपरीत परिस्थितियों में भी अपने सपनों को पूरा करने का एक उदाहरण है। इसका उद्देश्य पाठकों को अपने भीतर की शक्ति को पहचानने और जीवन के हर पल को उत्साह और आशा के साथ जीने के लिए प्रेरित करना है। यह पुस्तक आपको सिखाएगी कि कैसे मुश्किल परिस्थितियों में भी सकारात्मक दृष्टिकोण बनाए रखा जाए और अपने लक्ष्यों को प्राप्त किया जाए।

Acknowledgements

यह पुस्तक मेरी कल्पना और मेहनत का परिणाम है, लेकिन इसे वास्तविकता में बदलने में कई लोगों का योगदान रहा है। सबसे पहले, मैं bookleafpub.in का धन्यवाद करना चाहता हूँ, जिन्होंने लेखकों को अपनी प्रतिभा दिखाने का एक शानदार मंच प्रदान किया है। खासकर उन लेखकों के लिए, जिनके पास प्रकाशन के लिए कोई साधन नहीं था, यह मंच एक वरदान साबित हुआ है। मैं bookleafpub.in के निर्माता का भी आभार व्यक्त करता हूँ, जिनकी दूरदृष्टि और मेहनत से यह संभव हो पाया। मेरे परिवार, दोस्तों, और शुभचिंतकों को भी धन्यवाद, जिन्होंने हर कदम पर मेरा साथ दिया और मुझे प्रेरित किया।

मैं इस पल्टफॉर्म का अत्यंत आभारी हूँ, जिन्होंने मुझे "उत्साह और उम्मीद" जैसी पुस्तक लिखने और प्रकाशित करने का अवसर प्रदान किया। यह मंच उन लेखकों के लिए एक प्रेरणा है, जो अपनी प्रतिभा को दुनिया के सामने लाना चाहते हैं, लेकिन संसाधनों की कमी के कारण ऐसा नहीं कर पाते। मैं इस मंच तहे दिल से धन्यवाद करता हूँ, जिन्होंने इस मंच की स्थापना करके हम जैसे लेखकों के सपनों को साकार करने में मदद की है। मेरे परिवार, मित्रों, और शुभचिंतकों का प्रेम और समर्थन मेरे लिए प्रेरणा का स्रोत रहा है, और मैं उनका तहे दिल से धन्यवाद करता हूँ।

1 . पुरुषों की कथा।

!!! पुरुषों की कथा !!!

उड़ सकता वह उन्मुक्त गगन में
चल सकता वह निर्भीक डगर में
तर सकता वह चंचल जल में
जिम्मेदारियों ने थाम रखा है।
कठनाईयों ने बांध रखा है।

कमाना है, घर चलाना है।
सबके चाह को सजाना है।
सबके मान को बढ़ाना है।
सब सही समय पर करना है।
सब सही जगह पर करना है।

सपने अपने, पीछे रखकर
अपने घर को पीछे रखकर
अपनी दुनिया छोड़कर
एक नई दुनिया बनाना है

सबकी राह बनानी है

सबकी चिंता घटानी है

अपना सब कुछ छोड़ कर
एक नई राह बनानी है

उड़ सकता वह उन्मुक्त गगन में
चल सकता वह निर्भीक डगर में
तर सकता वह चंचल जल में

!!! धन्यवाद !!!

2. भगवान ।

!!! भगवान !!!

किसी ना किसी रूप में वह आ जायेंगे।
दुखः और तकलीफ़े वह हर जायेंगे।
उम्मीद है मन में
तो वह जरूर आएंगे।

हाथ जोड़ कर विनम्रता जता देना।
मस्तक लगा कर
कर्ज मिटा देना।

हालात सब सीखा देते है
जज़्बात सब बता देते है।

लड़कर, आँधीयों को उड़ा देना
भीगकर, बरसात बीता देना

आता है उनको जीना
झुकना है जिसने सीखा।

किसी ना किसी रूप में वह आ जायेंगे।
दुखः और तकलीफ़े वह हर जायेंगे।
उम्मीद है मन में
तो वह जरूर आएंगे।

!!! धन्यवाद !!!

3 . ना साधन था ,ना संसाधन था।

!!! ना साधन था ,ना संसाधन था !!!

ना साधन था ,ना संसाधन था ,
ना घर था, ना द्वार था
ना बिस्तर था, ना कंबल था

था तो,
बस अभाव था
गरीबी का प्रभाव था
भूख का स्वभाव था

जीवन था
इसलिए जी रहा था

खाना था
इसलिए रोटी पानी में, भीगो कर खा रहा था

चलना था
इसलिए टूटे चप्पलों का साथ था

पहनना था
इसलिए फटे - पुराने कपड़ों का आस था

था तो,
बस अपने जीवन को बनाए रखना था
बस अपने सपनो को जगाए रखना था
बस अपनों को अपना बनाए रखना था

!!! धन्यवाद !!!

4 . रिश्ते ।

!!! रिश्तो में हर रोज वापस आना होता है !!!

कितनी भी हो लड़ाईया कितना भी हो गुस्सा
रिश्तों में वापस आना ही होता है

कितने भी हो गीले
कितने भी हो शिकवे
रिश्तों में वापस आना ही होता है

तेरा रूठना
और
उसका मनाना
यही रिश्तों में जान लाता है

तेरा प्यार, तेरा दुलार
और
उसका प्यार, उसकी पुचकार
यही रिश्तों में स्वाद बड़ाता है
रूठ कर भी
लड़ कर भी रिश्तों में वापस आना होता है

अगर प्यार सच्चा है
तो
उसको जताना होता है
क्योंकि
रिश्तों में वापस आना ही होता है
जब माना है अपना
तो
हक जताना होता है

जब हक जता दिया
तो
साथ निभाना होता है
क्योंकि
रिश्तों में वापस आना होता है
और
रिश्तों में हर रोज वापस आना ही होता है।

!!! धन्यवाद !!!

5. बलिदान यह मुफ़्त का नहीं है।

!!! बलिदान यह मुफ़्त का नहीं है !!!

किसी ने अपना बेटा खोया
किसी ने अपना पती
किसी ने अपना यार खोया
किसी ने अपना दिलदार

किसी ने अपनी लाठी खोई
किसी ने अपनी माटी
किसी ने अपना सहारा खोया
किसी ने अपना दुलारा

बलिदान यह मुफ़्त का नहीं
स्वतंत्रता ना मुफ़्त की

प्राण लगा दी
जान लगा दी
आन लगा दी
मान लगा दी
इस मिट्टी के लिए

बलिदान यह मुफ़्त का नहीं
स्वतंत्रता ना मुफ़्त की

किसी ने अपना कस्बा छोड़ा
किसी ने अपना गाँव
किसी ने अपनी गली छोड़ी
किसी ने अपना शहर

सबके प्राणों की यह आहुति
सबके शौर्यता की यह आहुति
सबके निडरता की यह आहुति
सबके बलिदानों की यह आहुति

बलिदान यह मुफ़्त का नहीं
स्वतंत्रता ना मुफ़्त की

!!! धन्यवाद !!!

6. किसी ना किसी रूप में वह आ जायेंगे ।

!!! भगवान !!!

किसी ना किसी रूप में वह आ जायेंगे।
दुखः और तकलीफ़े वह हर जायेंगे।
उम्मीद है मन में
तो वह जरूर आएंगे।

हाथ जोड़ कर विनम्रता जता देना।
मस्तक लगा कर
कर्ज मिटा देना।

हालात सब सीखा देते है
जज़्बात सब बता देते है
लड़कर, आँधीयों को उड़ा देना
भीगकर, बरसात बीता देना
आता है उनको जीना
झुकना है जिसने सीखा।

किसी ना किसी रूप में वह आ जायेंगे।

दुखः और तकलीफ़े वह हर जायेंगे।
उम्मीद है मन में
तो वह जरूर आएंगे।

!!! धन्यवाद !!!

7. दोस्त ने बोला करने का, तो करने का।

!!! दोस्त ने बोला करने का !!!

दोस्त ने बोला करने का,
तो करने का।
माँ ने बोला समय पर वापस आने का
तो आने का।
बापू ने बोला कमाने जाने का
तो जाने का।
बड़ी बहन ने बोला उसका सुनने का
तो सुनने का।
छोटी बहन ने बोला गिफ्ट लाने का
तो लाने का।
बड़े भाई ने बोला उसका सारा काम करने का
तो करने का।
छोटे भाई ने बोला उसके लिए झूठ बोलने का
तो बोलने का।
प्रिये ने बोला बाबू, सोना करने का
तो करने का।
ताऊ ने बोला कुछ जुगाड़ करने का

तो करने का।

ताई ने बोला मदद करने का

तो करने का।

चाचा ने बोला बड़ा काम करने का

तो करने का।

चाची ने बोला थोड़ा इधर का उधर भी करने का

तो करने का

बुआ ने बोला सारे घर कि जानकारी रखने का

तो रखने का।

फूफा ने बोला कि बुआ का सुनने का

तो सुनने का।

टीचर ने बोला कि मानने का

तो मानने का।

बाकी

दोस्तों ने बोला करने का

तो करने का।

!!! धन्यवाद !!!

8. रेल गाड़ी।

!!! जीवन = रेल गाड़ी !!!

जीवन यह एक रेल गाड़ी
चलती, रुकती यह रेल गाड़ी।
कभी, समय पर चलती
कभी, देर भी करती
जीवन यह एक रेल गाड़ी।

हजारों मंजिले इसकी
लाखों ख्वाईशे इसकी
करोड़ों मुसाफिर इसके

न थकती
न रुकती
जीवन यह एक रेल गाड़ी।

न जात देखती
न पात पूछती
जीवन यह एक रेल गाड़ी।

न धर्म देखती
न मजहब पूछती
जीवन यह एक रेल गाड़ी।

इसने कभी ना मान दिखाया
इसने कभी ना घमंड जताया
इसलिए,
इसने सम्मान पाया
जीवन यह एक रेल गाड़ी।

जिसने समय पर
तत्परता दिखाई

उसे इसने गोद मे बिठाई
और
खिड़कियों से सारा जहां दिखाई।

जिसने समय पर
धन का मान जताया

उसे इसने शीतल बयार खिलाई
और
खिड़कियों के अंदर एक जहां बनवाई।
जिसने इसे कुछ
ना दिखाई।

फिर भी इसने

जगह दिलाई।

जीवन यह एक रेल गाड़ी।
बच्चे, बूढ़े सभी को भाति
जीवन यह एक रेल गाड़ी।

समय-समय पर
अपने को ढालती
अपने को परिवर्तित करती
जीवन यह एक रेल गाड़ी।

नई दिशायें, नई विद्यायें
सीखती और सिखाती
जीवन यह एक रेल गाड़ी।

सबको यह साथ ले जाती
सबको अपने - अपने स्थान पहुंचाती
जीवन यह एक रेल गाड़ी।

छूक छुक करके चलती
खुशियों को लुटाती
जीवन यह एक रेल गाड़ी।

!!! धन्यवाद !!!

9. स्त्री कभी अपवित्र ना हो सकती

।

!!! स्त्री कभी अपवित्र ना हो सकती !!!

जिसने सबको कोख में संभाला
वह कभी अपवित्र ना हो सकती।

जिसने हर कष्ट को झेला
वह कभी अपवित्र ना हो सकती।

जिसने हर पीड़ा को धकेला
वह कभी अपवित्र ना हो सकती।

जिसने स्तन से पान कराया।
वह कभी अपवित्र ना हो सकती।

जिसने हर माह को संभाला
वह कभी अपवित्र ना हो सकती।

जिसने कई जीवन बनाए
वह कभी अपवित्र ना हो सकती।

जिसमें है, भावुकता
वह कभी अपवित्र ना हो सकती।

जिसमें है, कोमलता
वह कभी अपवित्र ना हो सकती।

जिसमें है, सक्षमता
वह कभी अपवित्र ना हो सकती।

जिसमें है, मातृत्व
वह कभी अपवित्र ना हो सकती।

स्त्री कभी अपवित्र ना हो सकती।

!!! धन्यवाद !!!

10. अपनी स्त्री तो अपनी होती है।

!!! अपनी स्त्री !!!

अपनी स्त्री तो, अपनी होती है।
शृंगार और वास तुम्हारा करती है।

मर्जी उसकी होती है
और
हामी आपकी भरती है

अकेले में,
भले तुमसे लड़ती है
भले डाट-डपटी है
पर प्यार तुम्ही से करती है

गुस्सा उनका आसमानी है
पर
पुचकार समुद्र स करती है

रूठती हर बात पर है
पर

खुश भी तुम्ही से होती है

फोन की घंटी
और
वाल पेपर तुम्हारा रखती है

भोजन जो ढेर करती है
और
पैसा जो कम् खर्चती है

अपनी स्त्री तो अपनी होती है

!!! धन्यवाद !!!

11. माँ के जैसा।

!!! माँ के जैसा !!!

माँ के जैसा किसी का प्यार नहीं
माँ के जैसा किसी का दुलार नहीं
माँ के जैसा कोई यार नहीं

माँ के जैसा किसी का मन नहीं
माँ के जैसा किसी का तन नहीं
माँ के जैसा किसी के पास धन नहीं

माँ के हाथ जैसा भोजन कहीं नहीं
माँ के जैसा मनोरंजन कहीं नहीं
माँ के जैसा आयोजन कहीं नहीं
माँ के जैसा सँजोवन (उत्साह) कहीं नहीं

माँ के घर की नींद
माँ के जैसी बीन (दिनभर की डाट-डपट) कहीं भी नहीं
माँ के जैसी मशीन कोई भी नहीं
माँ के जैसी हसीन कोई भी नहीं

माँ के घर का काम
माँ के घर जैसा आराम
कहीं भी नहीं

माँ के जैसा कोई नहीं।

!!! धन्यवाद !!!

12. लड़के भी रोना चाहते है।

!!! लड़के भी रोना चाहते है !!!

पर यह समाज
उन्हें रोने नहीं देता
हर बार
उनको ऊपर उठा कर
हर बार
उनको समझा कर
हर बार
उनकी तकलीफ़ छोटा बताकर
हर बार
उनकी उम्मीदें जागकर
उन्हें रोने नहीं देता
हर बार
उनकी जिम्मेदारियाँ गिनाकर
हर बार
उनकी दुश्वारियाँ बताकर
हर बार
उनकी मजबूरियां जताकर
हर बार

उनकी नब्ज दबाकर
उन्हें रोने नहीं देता
वह भी घबराता है
वह भी डगमगाता है
वह भी लड़खड़ाता है

पर यह समाज उन्हें
समझाकर
बुझाकर
फुसलाकर
बहलाकर
रोने नहीं देता

लड़के भी रोना चाहते है
अपनी माँ
अपनी बहन
अपनी पत्नी
के जैसा, कोमल होना चाहते है
लड़के भी रोना चाहते है
कुछ दुबबकर रोते होंगे
कुछ कंबल में ढक्कर रोते होंगे
कुछ हस्तें -हस्तें रोते होंगे
कुछ अकेलें में रोते होंगे
लड़के भी शामिल होना चाहते है
लड़के भी रोना चाहते है।

!!! धन्यवाद !!!

13. ईमानदारी ।

!!! ईमानदारी !!!

यह कविता नीचे दिए हुए घटनाओं पर आधारित है :-

- एक आदिवासी बुजुर्ग महिला रेल में सफर कर रही थी। उसकी ईमानदारी थी कि उसने, अपने साथ ले जा रही अपनी बकरी के लिए भी रेल का एक टिकट लिया था।

- कई मजदूर सड़क बनाने का काम कर रहे थे, जब उनके दोपहर के भोजन का समय हुआ तब कुछ मजदूरों के पास अपनी रोटी नहीं थी।

- कुंभ मेले में कई वीआईपी और वीवीआईपी स्नान करने आ रहे थे, पर कष्ट तो आम आदमी ही उठता है।

- रेल के जनरल क्लास में सफर करने वाली महिलाओं का बोझा वह स्वयं उठाती है।

- एक बालक कचरा बीन रहा था, किसी दुकान के आगे कुछ कचरा पड़ा हुआ था, वह बालक कचरा भी दुकानदार से पुछ कर उठा रहा था, कि वह में उठा लूँ ।

!!! ईमानदारी !!!

पैसे वालों की नहीं
गरीबों की होती है

रोटी बाँटकर खाने वाले
मजदूरों की होती है

रेल में अपनी बकरी का
टिकट लेकर चलने वालों की होती है

मेले में पैदल चलने
वालों की होती है

अपना बोझा स्वयं
उठाने वाली महिलाओं की होती है

कचरा, भी पुछकर
उठाने वालों की होती है

ईमानदारी
पैसे वालों की नहीं
गरीबों की होती है

!!! धन्यवाद !!!

14. जब भी तुझे देखु।

!!! जब भी तुझे देखु !!!

जब भी तुझे देखू तो,
मस्ती करने को जी चाहता है

जब भी तुझे देखू तो,
छूने को जी चाहता है।

जब भी तुझे देखु तो,
पास आने को जी चाहता है।

जब भी तुझे देखू तो,
मन में बसाने को जी चाहता है।

बस एक बार तू इशारा कर दे,
तेरा किनारा बनने को जी चाहता है।

बस एक बार तू प्यारा कह दे,
तेरा सितारा बनने को जी चाहता है

बस एक बार तेरा नजारा बता दे,
तेरा गुजारा बनने को जी चाहता है।

बस एक बार तू बात तो कर ले
तुझे सौ सौगात देने को जी चाहता है

बस एक बार तू मुलाकात तो कर ले
तेरी कायनात बदलने को जी चाहता है।

बस एक बार तू मेरा हात तो पकड़ ले ,
सात फेरे लेने को जी चाहता है।

है अगर तेरी इज़ाज़त
तो दुनिया लुटाने को जी चाहता है।

अगर हाँ कह दे तो
तो दुनिया बसाने का

अगर ना कह दे तो
फिर से पटाने का जी चाहता है।

!!! धन्यवाद !!!

15. तू ।

!!! तू !!!

तू,
तू जिससे भी मिलती है,
तो अपनी छाप छोड़ जाती है।

जब मुझ से मिलती है,
तो अपने आप को छोड़ जाती है।

तू जिससे भी बातें करती है,
तो उनके प्रश्नों का जवाब दे जाती है।

जब मुझ से बातें करती है,
तो सारा आसमान खुला छोड़ जाती है।

तू दूसरों के साथ चलती है,
तो उनका उत्साह भर जाती है।

जब मेरे साथ चलती है,
तो अपनी कविता छोड़ जाती है।
!!! धन्यवाद !!!

16. लड़ना है तो मैदाने जंग लड़।

!!! लड़ना है तो मैदाने जंग लड़ !!!

लड़ना है तो मैदाने जंग लड़।
मन के इस जंग को खत्म कर।

मन में उठने वाले
भीतर चलने वाले
मन के विचारों
दिमाग के इन चट्टानों को खत्म कर।

भीतर ही भीतर
घुटाने वाले
इन विचारों को खत्म कर।
दिमाग के इन जंजीरों को तोड़कर।

लड़ना है तो मैदाने जंग लड़।
मन के इस जंग को खत्म कर।

मुख से बोलकर
मन को निचोड़कर

दिमाग़ से सोचकर
सारी बाधायें छोड़कर

मन के इस जंग को ख़त्म कर
लड़ना है तो मैदाने जंग लड़।

!!! धन्यवाद !!!

17 . पहले पापा आगे चलते थे।

!!! पहले पापा आगे चलते थे !!!

पहले पापा आगे चलते थे

हमारा बोझा ढोते थे
हमारा खिलौना खोजते थे
हमारे लिए पकवान लाते थे
हम सब को सैर कराते थे

हमें धूप से बचाते थे
हम पर छाव लुटाते थे
हम सब को मेले मे ले जाते
सबको मीठे मेवे खिलाते थे

पहले पापा आगे चलते थे

हमें साइकिल पर आगे, बिठाते
समय पर सारे काम करते थे

सर्दी में गर्मी

और
गर्मी में सर्दी
का एहसास दिलाते थे

बीमारी आजारी में
डॉक्टर के पास ले जाते
पूरी सेवा
पूरा ध्यान
वो रखते थे

धीरे धीरे समझाते हमको
कभी जल्दी ना करते थे

पहले पापा आगे चलते थे
समय का यह फेर बदला
अब उनको हमारी है जरूरत

अब हम आगे चलते है

बीमारी आजारी में सेवा
अब हम उनकी करते है

अब जल्दी कुछ ना समझते
धीरज, अब हम रखते है

अब हम आगे चलते है

ध्यान अब उनका, पूरा रखते है
अब हम गाड़ी चलाते
और
उनको आगे बिठाते है

समय पर उनकी
पेंशन -वेंशन का काम
अब हम करते है

अब हम आगे चलते है
उनकी स्वाद और सेहत
दोनों का ख्याल रखते है

अब हम आगे चलते है
अब हम उनका बोझा ढोते है
अब हम उनको सैर कराते है

अब हम उनको
कुछ उनका
लौटाने की कोशिश करते है

अब हम आगे चलते है
पहले पापा आगे चलते थे

!!! धन्यवाद !!!

18. तू मिले तो सही।

!!! तू मिले तो सही !!!

तू मिले तो सही
तभी तो मुकद्दर का सिकंदर बनूँगा।

तू मिले तो सही
तभी तो ये जहाँ तेरे नाम लिखूँगा।

तू मिले तो सही
तभी तो ये चाँद और तारे बटोरूँगा।

तू मिले तो सही
तभी तो ये सड़क चाँद तक बनाऊँगा।

तू मिले तो सही
तभी तो तारे ज़मीन पे लाऊँगा।

तू मिले तो सही
तभी तो अँधेरे में तेरा जुगनू बन पाऊँगा।

तू मिले तो सही
तभी तो तुझे अपने घर का रास्ता बताऊंगा।

तू मिले तो सही
तभी तो तेरी गठरी उठा पाऊँगा।

तू मिले तो सही
तभी तो तुझे रूमाल दे पाऊँगा।

तू मिले तो सही
तभी तो अपना अधिकार जमा पाऊँगा।

तू मिले तो सही
तभी तो तेरे दुःख दूर कर पाऊँगा।

तू मिले तो सही
तभी तो तेरे सितारें बदल पाऊँगा।

तू मिले तो सही
तभी तो तुझे अँधेरे से ला पाऊँगा।

तू मिले तो सही
तभी तो तुझे अपनी रानी बना पाऊँगा।

तू मिले तो सही
तभी तो तुझे भारत घुमा पाऊँगा।

तू मिले तो सही
तभी तो तेरे बाँह दबा पाऊँगा।

!!! धन्यवाद !!!

19. चलना है तो साथ चल।

!!! चलना है तो साथ चल !!!

चलना है तो साथ चल
पकड़ के मेरा हाथ चल

दुनिया की फिक्र ना कर
तेरी ही जागीर हूँ
तेरी ही तासीर (प्रभाव) हूँ
पकड़ के मेरा हाथ चल

चलना है तो साथ चल
तस्वीर मेरी ही छुपा रखी है
शमशीर तूने उठा रखी है
तहरीर (लिखावट) मेरी ही बना रखी है
पकड़ के मेरा हाथ चल

चलना है तो साथ चल
तेरा ही असर छा रखा है
तेरा ही नजर उतार रखा है
तेरा ही हसर संभाल रखा है

पकड़ के मेरा हाथ चल

चलना है तो साथ चल
तुझे सफर बना रखा है
तुझे उम्र भर जपा है
तेरा ही नाम छपा है
पकड़ के मेरा हाथ चल

हो ना तू जुदा
हो ना तू खफा

तुझे गले का हार बना रखा है
तुझे सर का ताज बना रखा है

चलना है तो साथ चल
पकड़ के मेरा हाथ चल

!!! धन्यवाद !!!

20. तेरी बिंदी ।

!!! तेरी बिंदी !!!

तेरी बिंदी
आसमान का तारा है।

तेरी बिंदी
दिन का उजाला है।

तेरी बिंदी
साँसों की माला है।

तेरी बिंदी
प्यार का ताला है
जिसे देता बड़ने का रोज, वह हवाला है

तेरी बिंदी
सुबह का निवाला है

तेरी बिंदी
मेरे मन का शिवाला है

जिसकी पूजा से मिलता, रस का प्याला है।

में क्या तेरा उपवास करूँ ?
तेरी बिंदी ही मेरा पेट भर जाती है
तेरी बिंदी ही मेरा मन तर जाती है

तेरी बिंदी
ही नाता जोड़ जाती है

तेरी बिंदी
ही साथ निभा जाती है

तेरी बिंदी
ही मांग का द्वार खोल जाती है

तेरी बिंदी
ही फेरों में गांठ बन जाती है

तेरी बिंदी
ही पायल की झनकार बन जाती है

तेरी बिंदी
ही गालों का रंग, लाल कर जाती है

तेरी बिंदी
ही तेरे काँधों का तिल बन जाती है

तेरी बिंदी
ही मेरा दिल बन जाती है

!!! धन्यवाद !!!

21. लड़ने में क्या रखा है।

!!! लड़ने में क्या रखा है !!!

हमारे पड़ोसी मुल्क को समझाओ
लड़ने में क्या रखा है

तुमने अपना व्यापार बंद कर रखा है
सस्ता इलाज दूर कर रखा है
सारा गधा पाल रखा है

नकली सामानों का अम्बार लगा रखा है
अपनी आवाम को खाली- पीली उलझा रखा है

क्रिकेटरों को आईपीएल से दूर रखा है
संगीतकारों को कोने में दबा रखा है
कलाकारों की सुंदरता छुपा रखा है

अपना घर ना संभाल पा रहे
और कश्मीर-कश्मीर लगा रखा है

एक तो स्टेडियम की सारी लाइट

ना जला पा रहे
और क्रिकेट का आयोजन संभाल रखा है

किसी भी देश का ना झंडा लगा पा रहे
सिर्फ डंडा लगा रखा है

देख लो
लड़ने में तुमने
क्या - क्या गवा रखा है ...

!!! धन्यवाद !!!